Birthe Koustrup

Le style Kellinghusen

dessain et tolra

Birthe Koustrup

Birthe Koustrup — née Svanholm — vit le jour en 1917 à Copenhague (Danemark). Issue de la célèbre dynastie des Thornam, peintres naturalistes de fleurs, elle s'intéresse très tôt au dessin et à la peinture et devient élève à l'école des Arts Industriels de Copenhague, dans le cours d'Ellen Rimstad, afin de devenir peintre sur porcelaine. Parallèlement, elle suit les cours de dessin de l'école technique de Frederiksberg.

Sa formation terminée, elle entre à la fabrique de porcelaine Dalh Jensen et commence à enseigner dès 1958.

Un de ses précédents ouvrages: « Plantes et fleurs: motifs d'art populaire », a été traduit en sept langues.

En 1984, Birhte Koustrup publie: « Motifs d'art populaire en Europe »; en 1985: « Bordures et bouquets. »

Avant-propos

J'ai commencé à peindre à l'École des Arts Industriels de Ellen Rimstad, à Copenhague. Dans l'atelier, des aquarelles représentant des fleurs étaient épinglées sur tous les murs et donnaient l'impression d'un printemps perpétuel. A l'époque, la peinture sur porcelaine était surtout un violon d'Ingres pour les dames de la haute société et j'étais plutôt défavorisée financièrement par rapport aux autres élèves. Heureusement, Madame Rimstad me donnait des cours gratuitement, car elle avait été formée dans sa jeunesse chez ma grand-tante, Marie Thornam, à Lyngby.

Nous apprenions à peindre prudemment avec des petits pinceaux très fins de petits bouquets élégants. Madame Rimstad nous proposait des modèles très beaux, car elle comprenait à merveille la nature. C'était un plaisir de travailler d'après ses modèles.

Je restai par la suite sans peindre jusqu'aux années soixante, époque à laquelle je m'inscrivis à nouveau au cours de Madame Rimstad et je pus m'apercevoir alors d'une grande évolution. Les élèves utilisaient de gros pinceaux, nos 4, 5, 6, afin d'exécuter des motifs avec de larges touches nuancées. De nouveaux médiums à base d'huile et de baume de copal, plus malléables que l'huile de lin polymérisée utilisée auparavant, avaient fait leur apparition. Entre-temps

la faïence de Kellinghusen était devenue à la mode et nous travaillions avec des motifs plus spectaculaires et surtout plus passionnants à réaliser, même s'ils n'étaient pas appréciés par tout le monde.
Madame Rimstad avait plusieurs années durant voyagé avec son frère dans le sud du Jylland et le nord de l'Allemagne, afin d'étudier les faïences de Kellinghusen, qui étaient fabriquées dans cette région située dans le Slesvig-Holstein.
Madame Rimstad avait obtenu l'autorisation de copier les vieilles assiettes et plats au château de Gottorp et au musée de Tønder.

Je pense que Madame Rimstad fut la première à introduire ces vieilles faïences comme modèle d'étude et ce fut un succès incontestable. Ses élèves s'amusèrent à peindre plus librement avec des touches « mouillées » et franches.

Les avis sur la valeur esthétique de cette technique furent très partagés, mais le public s'enthousiasma néanmoins pour ces nouvelles assiettes « à la manière de » Kellinghusen. Avec leurs décorations un peu naïves et leurs couleurs vives : jaunes, orange, bleus, verts en touches nuancées, puis les bleus et violets de manganèse qui sont très caractéristiques de cette technique, les vieux motifs de Kellinghusen possédaient un charme très particulier.
Durant de longues années, j'ai enseigné l'art de peindre « à la manière de » Kellinghusen en respectant la tradition. Comme Madame Rimstad, j'ai moi-même aussi recueilli des motifs Kellinghusen dans des musées à travers le Danemark et, par la même

occasion, j'ai pu découvrir d'autres faïences de styles différents, très enrichissants au niveau de l'inspiration.
Un jour, l'envie me prit de réadapter et transformer les vieux motifs que j'avais travaillés pendant de si longues années. C'était à l'époque où les vieilles et authentiques faïences de Kellinghusen atteignaient des prix exorbitants dans les salles de ventes aux enchères et dans les magasins d'antiquités, bien souvent très au-dessus de leur véritable valeur artistique.

Je transformai les motifs traditionnels et je me permis de supprimer tous les rebords jaunes qui caractérisent les assiettes anciennes. A présent, mes bordures sont mises en valeur par un mince filet.

Mes bouquets se dessinent dans un cercle au fond de l'assiette; fleurs et feuillages suivent ainsi une forme circulaire. La plupart du temps j'ai changé les couleurs; j'ai utilisé des verts bleutés, le violet foncé, le jaune pâle, le rose doré et des bleus et des violets de manganèse pour remplacer le brun, qui est la couleur de base dans l'ancien style Kellinghusen.
Pour obtenir la coloration manganèse, je mélange du brun châtain avec du bleu ciel et du pourpre rose, et lorsque je veux obtenir une coloration violette plus profonde, j'utilise du brun châtain avec du bleu ciel et du violet foncé.

A la fin du livre se trouve un descriptif des couleurs que j'ai employées pour chaque planche.
Il me paraît enrichissant de développer cette manière de décoration puisque les six manufactures de Kellin-

ghusen n'existent plus et que les vieux artisans qui avaient conçu les faïences ont disparu depuis longtemps.
Les motifs à la Kellinghusen se sont modernisés et ce n'est d'ailleurs pas un mal, n'est-ce pas?

Birthe Koustrup

Planches

Le *bleu de manganèse* s'obtient en mélangeant trois couleurs: Brun châtain — Pourpre rose — Bleu ciel.

Le *violet de manganèse*, en mélangeant trois couleurs: Brun châtain — Bleu ciel — Violet foncé.

Les trois ou quatre *verts* utilisés peuvent être:
Vert doré jaunâtre — Vert franc.
A ceux-ci on peut ajouter:
Bleu ciel — Vert foncé — Vert de Meissner.

Page 9: Motif d'oiseaux.
Bleu de manganèse
Jaune citron
Brun doré
Vert doré jaunâtre
Vert doré
Vert foncé
Bleu ciel

Page 10: Bordures.
Vert doré jaunâtre
Vert doré
Vert foncé
Violet foncé
Bleu de Delft antique

Page 11: Bouquet marguerite jaune.
Jaune citron
Jaune Albert
Brun doré
Bleu de Delft
Bleu ciel
Trois ou quatre nuances de vert

Page 12: Bordures.
Violet de manganèse
Jaune citron
Brun doré
Trois ou quatre nuances de vert, du clair au très foncé

Page 13: Bouquet, pommes.
Bleu de manganèse
Trois ou quatre nuances de vert
Bleu de Delft antique
Violet foncé

*Page 14:*Bordures.
Violet foncé
Vert doré jaunâtre
Vert doré
Bleu ciel

Bleu de Delft
Bleu de Delft antique

Page 15: Bouquet, marguerite jaune
Jaune citron
Jaune Albert
Brun doré
Bleu de Delft
Bleu de Delft antique
Bleu ciel
Pourpre rosé
Trois ou quatre nuances de vert

Page 16: Bordures.
Pourpre rose
Bleu ciel
Brun doré
Bleu de manganèse
Violet foncé
Bleu de Delft
Bleu de Delft antique
Trois ou quatre nuances de vert

Page 19: Bouquet, fleurs lilas.
Brun doré
Pourpre rose
Violet de manganèse
Violet foncé
Bleu ciel
Bleu de Delft
Bleu de Delft antique
Trois ou quatre nuances de vert

Page 20: Bordures.
Jaune citron
Brun doré
Trois ou quatre nuances de vert
Bleu de manganèse
Bleu ciel
Pourpre rose

Page 21: Bouquet, citron et baies.
Jaune citron
Brun doré
Bleu ciel
Bleu de Delft
Bleu de Delft antique
Violet foncé
Pourpre rose mélangé avec du brun doré
Trois ou quatre nuances de vert

Page 22.
Bleu de manganèse
Pourpre rose
Brun doré
Bleu de Delft
Bleu de Delft antique
Trois ou quatre nuances de vert

Page 23: Grande marguerite bleue.
Bleu ciel
Bleu de Delft
Bleu de Delft antique
Pourpre rose mélangé avec du brun doré
Jaune citron
Violet foncé
Trois ou quatre nuances de vert

Page 24: Bordures.
Jaune citron
Brun doré
Violet de manganèse
Violet foncé
Pourpre rose
Trois ou quatre nuances de vert

Page 25: Tulipe rose.
Pourpre rose mélangé avec du brun doré
Jaune citron
Bleu ciel
Bleu de Delft
Bleu de Delft antique
Trois ou quatre nuances de vert

Page 26: Bordures.
Violet foncé
Bleu ciel
Bleu de Delft
Jaune citron
Brun doré
Trois ou quatre nuances de vert

Page 27: Grand oiseau et campanule.
Bleu ciel
Bleu de Delft
Bleu de Delft antique
Violet de manganèse
Violet foncé
Jaune citron
Brun doré
Pourpre rose
Trois ou quatre nuances de vert

Page 28: Bordures.
Jaune citron
Bleu de manganèse
Brun doré
Vert foncé
Bleu ciel
Bleu de Delft
Trois ou quatre nuances de vert

Page 29: Tulipe jaune et baies.
Jaune citron
Brun doré
Bleu de Delft
Bleu de Delft antique
Violet foncé

Bleu ciel
Trois ou quatre nuances de vert

Page 30.
Violet de manganèse
Violet foncé
Jaune citron
Brun doré
Bleu de manganèse mélangé avec du violet pourpre
Trois ou quatre nuances de vert

Page 31: Narcisse et fleurs lilas.
Jaune citron
Brun doré
Violet de manganèse
Violet foncé
Violet doré
Pourpre rose
Bleu ciel
Bleu de Delft

Page 32: Bordures.
Pourpre rose
Bleu de Delft antique
Bleu ciel
Jaune citron
Bleu de manganèse
Trois ou quatre nuances de vert

Page 33: Bouquet avec des roses.
Pourpre rose
Brun doré
Bleu de manganèse
Bleu ciel
Bleu de Delft
Bleu de Delft antique
Violet foncé
Trois ou quatre nuances de vert

Page 34: Bordures.
Jaune citron
Brun doré
Violet de manganèse
Bleu de Delft
Bleu ciel
Trois ou quatre nuances de vert

Page 35: Fleurs jaunes.
Violet de manganèse
Violet foncé
Jaune citron
Brun doré
Trois ou quatre nuances de vert

Page 36: Bordures.
Pourpre rose
Bleu ciel
Brun doré
Bleu de Delft

Bleu de Delft antique
Trois ou quatre nuances de vert

Page 37: Bouquet avec une grande fleur bleue.
Bleu ciel
Bleu de Delft
Bleu de Delft antique
Pourpre rose
Brun doré
Bleu de manganèse
Trois ou quatre nuances de vert

Page 38: Bordures.
Jaune citron
Brun doré
Bleu de manganèse
Bleu ciel
Bleu de Delft
Bleu de Delft antique
Trois ou quatre nuances de vert

Page 39: Bouquet de pensées.
Jaune citron
Brun doré
Bleu ciel
Bleu de Delft antique
Trois ou quatre nuances de vert

Page 40: Bordures.
Violet de manganèse
Violet foncé
Bleu ciel
Jaune citron
Brun doré
Trois ou quatre nuances de vert

Du même auteur:
Motifs d'art populaire européen
Plantes et fleurs: motifs d'art populaire
« Chinoiseries », idées de décoration de Chine et du Japon
Le style Kellinghusen
Bordures et bouquets, idées pour la décoration

Texte et illustrations de Birthe Koustrup
Traduction française d'Ingrid Hebert

Titre original en langue danoise: *à la Kellinghusen*
ISBN 87-7545-251-0

Dépôt légal : avril 1989
Réimpression, Dépôt légal : avril 1995
Imprimé en Italie par G. Canale & C. S.p.A.
Borgaro T.se - Turin
ISBN 2-249-27787-7